AF336473

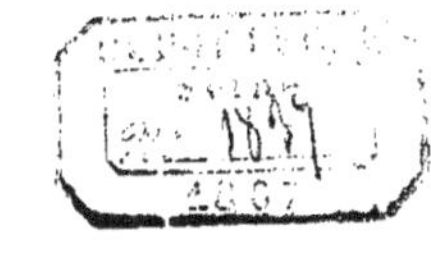

MÉMOIRE

POUR

M. LE DUC D'UZÈS

PARIS

IMPRIMERIE GÉNÉRALE DE CH. LAHURE

RUE DE FLEURUS, 9

1867

MÉMOIRE

POUR

M. LE DUC D'UZÈS.

FAITS.

En déférant à la censure de la Cour suprême l'arrêt de la Cour de Riom, M. de Crussol d'Uzès accomplit un devoir. En défendant contre des usurpateurs le nom qu'il porte, il obéit au respect le plus profond de sa race, respect que l'histoire lui enseigne. Il obéit à une légitime fierté de lui appartenir ; il obéit enfin au souci louable de ne point partager *avec ceux qui n'y ont pas droit* et pourraient le compromettre, le patrimoine d'honneur et de gloire accumulé depuis huit siècles autour du même nom.

L'arrêt de la Cour de Riom vient, en effet, de donner une sanction légale à l'usurpation la plus certaine, la plus évidente, la mieux constatée par l'arrêt attaqué lui-même.

Nous devons donc, avant d'aborder la discussion du droit, retracer le plus nettement possible les faits qu'il est indispensable de connaître, afin d'en dégager les questions qui devront être soumises à la Cour suprême.

I. Les défendeurs appartiennent à une ancienne et noble famille. L'arrêt attaqué constate qu'ils sont les représentants de *Georges de Coursule*, seigneur de Saint-Remy, qui fit ses preuves de noblesse devant M. de Besons, lors de la vérification de la noblesse du Languedoc, le 1er février 1669. Il paraîtrait même que leurs ancêtres ont porté le titre de baron de Saint-Remy.

Vers la fin du dix-septième siècle, la famille *de Coursule* vint se fixer en Auvergne, et le nom primitif *de Coursule* « ne tarda pas à s'altérer sous la double influence de la pro- « nonciation locale et de l'incurie ou de l'ignorance des ré- « dacteurs d'actes. Il passa successivement par de nombreuses « variantes, du milieu desquelles surgit et finit par dominer, « vers le milieu du siècle dernier, le nom de *de Crussol* « des Espesses. » — (Motif de l'arrêt attaqué.)

C'est ainsi que le 12 août 1761 l'aïeul des défendeurs éventuels est dénommé dans son acte de naissance *Pierre de Crussol Desespesse*. « C'est le premier acte de naissance dans « lequel le nom de *de Crussol* se trouve ainsi écrit, avec « l'orthographe que les intimés revendiquent aujourd'hui « et que leur conteste le duc d'Uzès. » (Motif de l'arrêt attaqué.)

Pierre des Epesse avait six frères ou sœurs; pour quatre d'entre eux on retombe dans les variations que l'on retrouve dans les actes de naissance des générations précédentes. Mais le nom de *de Crussol* apparaît de nouveau dans les actes de naissance des sixième et septième enfants.

Il paraîtrait que de la famille de Coursule il n'existe plus aujourd'hui que les défendeurs éventuels, tous issus de *Pierre de Crussol des Epesses.*

Ce dernier n'a jamais pris et jamais porté, soit dans la vie privée, soit dans la vie publique, le nom de *de Crussol,* « abandonnant ainsi (dit l'arrêt) le nom de *de Crussol* inscrit « dans son acte de naissance. »

Pierre Desespesse (c'était le nom qu'il prenait), eut huit enfants, dont l'un, *François–Louis,* est le père des défendeurs éventuels. *Les huit enfants* ont été inscrits sous ce seul nom : *Desespesse* ou *Despesse.*

Enfin, ce ne fut qu'à partir de 1821 que le père des défendeurs éventuels s'empara de nouveau du nom de *de Crussol,* apparu pour la première fois en 1761 dans l'acte de naissance de Pierre, et depuis abandonné complétement pendant soixante ans.

François–Louis Desespesse fit inscrire ses quatre enfants, sous le nom de *de Crussol Desépesse* (en violation des articles 57 et 347 du C. N.); mais, usurpateur timide encore, « généralement dans les actes de son ministère d'huissier, il prit seulement le nom de Désépesse. » (Arrêt attaqué.)

Il paraîtrait que depuis 1821 le nom de *de Crussol Désépesse* a été porté par les défendeurs éventuels jusqu'aux faits qui ont donné naissance au procès actuel.

II. L'existence de la famille Désépesse, qui vivait dans des situations modestes au fond des montagnes de la haute Auvergne, resta longtemps inconnue à M. le duc d'Uzès.

Elle devait se révéler dans les circonstances suivantes : Les défendeurs, lorsqu'ils soutenaient devant le tribunal de Saint-Flour qu'ils étaient une branche cadette de la famille de Crussol d'Uzès, produisaient une lettre, émanée d'un prétendu intermédiaire obligeant, lettre qui tendait à établir qu'un secours pécuniaire aurait été sollicité et accordé il y a déjà longtemps, par M. le duc d'Uzès. — Ce serait, si l'on en croit les défendeurs éventuels, la première et la seule relation qui eût existé entre les deux familles. — Plus tard, le journal l'*Écho du Quercy* a été envoyé à M. le duc d'Uzès, pour appeler son attention sur la signature de l'imprimeur *de Crussol*, bien plutôt que sur les chroniques de la province. — Le but a été atteint, M. le duc d'Uzès fit prendre des informations et MM. Désépesse lui adressèrent la plus singulière des généalogies, dans le but d'établir les liens de filiation qui rattachaient la famille Désépesse à la famille de Crussol d'Uzès.

Il ne fut pas difficile de recueillir les actes de l'état civil qui démentaient cette prétention, dont nous ne voulons pas rechercher le but. Il nous semble, du reste, suffisamment indiqué dans l'un des motifs de l'arrêt attaqué. La Cour de Riom, en effet, tout en ordonnant la rectification des actes de l'état civil, décide que les défendeurs ne pourront prendre le nom de *de Crussol* en le séparant de celui de *Désépesse* par ce motif : « qu'une telle scission serait une source d'abus et tendrait à confondre les familles en favorisant *les calculs* de la vanité *ou d'autres moins excusables encore.* »

Édifié sur les prétentions insoutenables de la famille Désépesse, M. le duc d'Uzès ne s'occupait plus ni de l'*Écho du Quercy* ni de l'étrange généalogie qui lui avait été adressée, lorsqu'il est prévenu que le 2 février 1863 une requête a été

présentée par quatre membres de la famille Désépesse, afin
d'obtenir, non pas la rectification de leurs actes de l'état civil, mais l'introduction dans les actes civils de leurs auteurs, des noms portés dans leurs propres actes de naissance.
La demande comprenait, en effet, les actes de naissance, de
mariage et de décès de Pierre l'aïeul de Jeanne Poujolat
l'aïeule, de François-Louis, le père, et de Suzanne Dande,
la mère.

M. le duc d'Uzès dut intervenir; il ne pouvait, sans pro-
tester et sans la combattre, laisser accueillir la demande de la
famille Désépesse qui ne pouvait avoir et n'avait qu'un but :
d'abord, se faire attribuer par justice le nom de *de Crussol*,
donner ainsi une sanction légale à leur usurpation, sauf à
contester *plus tard* et *ailleurs*, sur les droits à la parenté.

M. le duc d'Uzès concluait au rejet de la demande de la
famille Désépesse, en ce qu'elle voudrait s'approprier le nom
de Crussol, et comme conséquence il demandait reconven-
tionnellement la radiation du nom de *de Crussol* de tous les
actes de l'état civil où il a été écrit avec le nom Désépesse.

Le tribunal de Saint-Flour a ordonné la rectification,
conformément à la demande des défendeurs éventuels. Il est
inutile de rappeler les motifs donnés par les premiers juges,
bien que la Cour ait adopté les motifs qui ne sont pas contraires à ceux de l'arrêt de Riom. L'arrêt les contient tous, et
ceux du jugement n'ajoutent rien aux dispositions, si com-
plètes, de la décision attaquée. Nous ferons remarquer seulement que les premiers juges, dans la longue énumération
qu'ils ont cru devoir faire des actes produits devant eux,
avaient commis une erreur. — Ils indiquaient, en effet, la
date de 1733 comme celle à laquelle le nom de *de Crussol*
aurait été pris par la famille Désépesse, alors qu'en fait, si

déjà à cette époque l'on voyait apparaître les noms Decrous-
solle, Croussolle, Crusol, jamais le nom *de Crussol* n'avait
été pris *avant le* 12 *juin* 1761, tel que la famille Désépesse le
revendique aujourd'hui.

La Cour de Riom a rectifié cette erreur dans l'un de ses
motifs, que nous avons déjà reproduit.

Sur l'appel de M. le duc d'Uzès, la Cour a confirmé le
jugement des premiers juges ; et dans ses motifs que nous
avons à discuter, l'arrêt attaqué pose nettement les principes
de droit que le pourvoi défère à la censure de la Cour de
cassation.

DISCUSSION.

Moyen unique.

Violation des art. 57, 347, du Code Nap.; violation et fausse application des art. 99 et suiv., 320 et suiv.; 2294 et 2229 du Code Nap., et des principes qui régissent la propriété des noms.

En ce que l'arrêt attaqué ordonne la rectification des actes de l'état civil, demandée par les défendeurs, alors qu'il est constant et reconnu par l'arrêt attaqué : 1° que le nom *de Crussol* appartient exclusivement à M. le duc d'Uzès ; 2° que le nom véritable des défendeurs est *de Coursule ;* 3° que la transformation de ce nom en celui de *de Crussol* n'est due qu'à la prononciation locale et à l'incurie ou l'ignorance des rédacteurs d'actes.

I. La Cour de Riom a posé trois questions :

1° Le nom de Crussol appartient-il depuis plusieurs siè-

cles à la famille dont M. le duc d'Uzès et son fils sont aujour-
d'hui les seuls représentants mâles?

2° Existe-t-il entre sa famille et celle des intimés une origine commune, un rapport de parenté qui puisse autoriser
ceux-ci à porter ce nom?

3° Enfin, *à défaut de droit proprement dit*, les intimés
ont-ils la possession ancienne, constante, uniforme qui pourrait leur tenir lieu de titre?

1. Sur les deux premières questions, la Cour de Riom a
donné à M. le duc d'Uzès la juste satisfaction qui lui était
due. Il fallait en effet la mauvaise foi aveugle des adversaires
qui, la lutte une fois engagée, ne reculaient devant aucun
moyen, pour essayer de contester à M. le duc d'Uzès le droit
de porter le nom de *de Crussol.*

Aussi, comme nous ne voulons en aucune manière entrer,
même d'un seul pas, dans l'histoire de la noble famille de
M. de Crussol d'Uzès, nous suffira-t-il de rappeler les motifs
de l'arrêt attaqué.

La Cour de Riom, soigneuse des détails, n'a pu trouver
dans tous les documents versés au procès, que DEUX variantes
dans l'ORTHOGRAPHE de ce nom, et quand elle les indique,
après les avoir découvertes dans DES TRAITÉS, elle les signale, -
« comme des accidents et des erreurs sans portée, surtout
« quand on les compare aux documents, *sans nombre* et *de*
« *toute nature* dans lesquels le nom de Crussol se trouve
« *constamment* écrit avec son orthographe actuelle. »

« Le nom de cette famille, dit l'arrêt attaqué, mêlé à notre
« histoire nationale depuis le temps des croisades, paraît sur-
« tout n'avoir subi aucune variation depuis les Lettres pa-
« tentes, qui en 1565 et 1572 érigèrent la vicomté d'Uzès,
« d'abord en duché, puis en pairie. »

2. Quant à la question de parenté, les défendeurs en avaient fait justice eux-mêmes devant la Cour de Riom. (Sentant leur cause compromise, craignant d'indisposer leurs juges par des moyens, comme ceux qui avaient été plaidés devant le tribunal de première instance), après une tentative évidente d'usurpation et d'*intention* et de *fait*, ils se sont faits petits pour entrer, par la fausse porte, dans le patrimoine de gloire qui entoure le nom de *de Crussol*.

C'est ainsi que les défendeurs « ont consenti sur la Barre « à ce qu'il fût énoncé dans les motifs de l'arrêt, qu'ils ne « prétendent à AUCUNE PARENTÉ avec les *de Crussol d'Uzès*. » (Arrêt attaqué.)

Cependant leur but a été atteint, et MM. de Coursule des Épesse peuvent se redresser aujourd'hui pour s'implanter *dans le monde* comme la branche cadette de la famille de Crussol d'Uzès, ils peuvent profiter des avantages qui sont attachés à ce titre, *vrai ou faux*, et que personne n'a le souci ni le moyen de vérifier.

C'est en vain, en effet, que l'arrêt attaqué, revenant aux principes qu'il a méconnus en sanctionnant l'usurpation du nom *de Crussol*, c'est en vain, disons-nous, qu'il ordonne aux défendeurs éventuels de ne jamais scinder les noms de Crussol des Épesse, « pour éviter, dit l'arrêt, toute confu- « sion entre les deux familles, ce qui donne au duc d'Uzès « toute la satisfaction à laquelle il puisse légitimement préten- « dre. » MM. des Épesse ont gagné leur cause et M. le duc d'Uzès n'a pas obtenu la satisfaction que lui devait la Cour de Riom, puisque l'arrêt attaqué, en autorisant MM. des Épesse à se parer du nom de Crussol, porte évidemment l'atteinte la plus préjudiciable aux droits des représentants légitimes de la famille de Crussol.

En fait, l'arrêt attaqué consacre une usurpation qui est
toujours cruelle pour tous ceux qui comprennent la valeur
du nom honorable qu'ils portent honorablement. En droit il
viole les principes les plus incontestés qui régissent la propriété des noms, propriété si inviolable qu'il n'est pas permis d'en disposer, à celui-là même qui en est le véritable et
incontestable propriétaire.

3. Après la solution des deux premières questions, solution de fait, toute favorable à M. de Crussol d'Uzès, il sem-
blait logique que la Cour de Riom résolût la troisième en
faveur aussi du demandeur en Cassation.

Il n'en a pas été ainsi, et l'arrêt attaqué pour trancher la
troisième question, comme il l'a fait, a examiné toutes les
théories de droit qui touchent de près ou de loin à la propriété des noms.

— Nous croyons devoir résumer cette partié de l'arrêt :
Deux principes sont écrits en tête des motifs donnés par la
Cour de Riom. — Ils sont ceux-ci : « 1° Les noms de famille
« sont hors du commerce. Ils ne s'ACQUIÈRENT et ne SE PER-
« DENT par aucun des modes applicables à la propriété ordi-
« naire (vente, donation, legs, succession ou prescription),
« mais seulement par des modes spéciaux à savoir : La FILIA-
« TION et le décret du souverain. » 2° « En règle générale,
« chacun doit porter le nom de son père et ne peut porter
« que ce nom ; c'est là un principe constant qui se déduirait
« au besoin des art. 57 et 347 du Code Napoléon. » (Motifs
de l'arrêt attaqué.)

Mais, ajoute l'arrêt, ces deux règles ne sont pas absolues,
et, comme les noms de famille ont subi des modifications que
le temps entraîne avec lui, « *à l'exception des noms pris en*
« *vertu d'une décision du souverain*, le droit de porter un

« nom repose bien plus sur *la possession de fait* que sur *des ti-*
« *tres* proprement dits. » — « Que si, hors du commerce, les
« noms sont imprescriptibles, c'est en ce sens qu'ils ne peu-
« vent s'ACQUÉRIR ni SE PERDRE par la prescription ordinaire ;
« mais qu'en définitive la possession est *le titre principal*
« pour ne pas dire le TITRE UNIQUE à considérer en cette ma-
« tière. »

Comme conséquence, la Cour de Riom décide : que dans
les revendications des noms patronymiques « il n'est pas
« permis de remonter dans le passé au delà d'une certaine
« mesure, et qu'il suit de là que la possession à considérer
« en cette matière est bien plutôt celle des générations RÉ-
« CENTES que celle des générations évanouies. »

C'est a cette thèse de droit, sur laquelle repose l'arrêt tout
entier, que s'attaque la 1ʳᵉ Branche du moyen formulé par
le pourvoi.

1ʳᵉ Branche. La seconde partie des motifs que nous venons
de rappeler est la négation la plus absolue des principes
écrits dans la première, et il suffit de rendre à ces principes
leur véritable portée juridique pour que l'arrêt tombe sous la
censure de la Cour suprême.

I. Propriété du nom. — Les auteurs anciens proclamaient
le principe de la propriété du nom dans des termes que nous
croyons utile de rappeler :

« Le nom forme le patrimoine le plus précieux de chaque
« famille ; c'est une espèce de cachet imprimé sur chacune
« d'elles ; c'est de tous les biens celui qui est *le moins dans*

« *le commerce ;* il est également défendu de l'aliéner et de
« l'ENVAHIR ; le père le transmet au fils par une espèce de
« substitution. » Paroles du président Henrion de Pansey-
Merlin, v° Nom.

« Le nom est le seul bien indépendant des caprices et des
« révolutions de la fortune. » (Denizard, v° Nom.)

« On doit conserver aux hommes la propriété exclusive
« de leur nom, soit qu'elle soit honorable et glorieuse, soit
« qu'elle soit un fardeau pénible. » (Rapport du conseiller
Miot.) Aujourd'hui, nous vivons sous l'empire du même
principe consacré de nouveau par la loi du 25 mai 1858, et il
a reçu tellement la sanction du sentiment universel, qu'il est
inutile d'invoquer le texte des lois et l'autorité des juriscon-
sultes pour établir qu'un nom de famille est une propriété
privée, la plus respectable de toutes, *imprescriptible, inces-
sible, inviolable,* sacrée pour tous.

II. Caractères de la propriété du nom.

L'arrêt attaqué pose une règle générale: « chacun doit por-
« ter le nom de son père et ne peut porter que ce nom. — Nul
« ne peut changer le nom qui lui appartient, sinon par per-
« mission du prince. » — « Les noms de famille ne s'ac-
« quièrent et ne se perdent par aucun des modes applica-
« bles à la propriété ordinaire. »

Les caractères essentiels de la propriété du nom sont donc :
l'invariabilité et l'imprescriptibilité. — Le nom doit rester
immuable, nul ne peut le changer. — « *Il est également défendu de l'aliéner et de l'envahir.* »

Ces principes incontestables, intéressent tout à la fois et le
droit public et le droit privé, ils ont été reconnus par tous

les auteurs et consacrés par une jurisprudence unanime. — La Cour de Riom elle-même les a proclamés.

III. Comment s'acquiert cette propriété? par le décret du souverain, et la filiation. — Nous dirons que s'il est vrai que par décret, le souverain a le droit de conférer un nom, il ne le peut et ne le fait qu'en réservant les droits du tiers. L'ancienne formule était celle-ci : « Sauf notre droit en autre chose et l'autrui en tout. » De nos jours le droit du tiers est le même, la formule seule a changé.

Quant à la filiation qui est le mode habituel et spécial de la transmission du nom, elle est réglée et régie par nos lois. (Art. 57, 347, 93 et s. C. N.)

Dans l'application des principes que nous avons posés, lorsque les tribunaux seront appelés à examiner les prétentions d'une partie demandant la rectification d'actes de l'état civil, ils devront donc s'adresser (pour remonter à la source légitime du nom patronymique), ou à un décret du souverain s'il en existe, ou à la filiation.

IV. La filiation s'établit par les actes de l'état civil; elle assure au fils la propriété du nom de son père, *elle fixe le droit* de l'homme au nom que ses ancêtres ont porté et lui assigne dans la société une personnalité qu'il doit conserver en conservant son nom.

Comme le dit la Cour de Riom, « l'usage des noms pa- « tronymiques remonte au dixième siècle; ils durent géné- « ralement leur origine au caprice ou au hasard. » Et l'arrêt attaqué (page 14) a raison de dire que pour le plus grand nombre , le titre originaire *du nom* est la possession. Mais lorsque cette possession a été une fois établie sur la tête d'un individu, lorsque les actes de l'état civil sont venus constater cette possession entre les mains d'une famille, lorsqu'enfin cette possession a été transformée en une véritable propriété par des titres sérieux et incontestables, le droit DOIT DEMEURER FIXE ET IMMUABLE ; l'attribution *du nom est définitive pour la famille*, qui ne peut sous aucun prétexte *le transformer* et *le changer* en un autre sans la permission du prince.

Ce dernier principe est aussi incontestable que les deux premiers, et nous pouvons dire qu'il se trouve en germe dans l'arrêt attaqué bien qu'il ait été manifestement violé par la décision de la Cour de Riom.

Nous reproduisons encore le motif de l'arrêt qui renferme le vice que nous combattons et la violation des règles que nous avons posées. Il est celui-ci : « Il résulte que si, dans les « revendications des noms patronymiques, il était permis « de remonter dans le passé, au delà d'une certaine mesure, « il y aurait bien peu de familles qui ne pussent réclamer « des noms différents de ceux qu'elles portent de nos jours, « ou qui, à l'inverse, ne fussent exposées à se voir contester « ceux dont elles jouissent; ce qui ne pourrait avoir lieu sans « un grave dommage pour l'ordre public et le repos des fa- « milles; — qu'il suit de là que la possession à considérer « en cette matière est bien plutôt celle des générations ré- « centes que celle des générations depuis longtemps éva- « nouies. »

Abstraction faite des faits de la cause, la théorie de droit de l'arrêt attaqué est donc celle-ci : Bien que la propriété d'un nom soit imprescriptible, bien qu'il ne soit permis à personne de changer son nom ; si le changement a eu lieu, soit depuis un temps plus ou moins long, soit par suite de modifications successives, le nom patronymique a légalement été transformé et il n'est pas possible de le ramener à *sa vérité d'origine.*

C'est là toute la thèse de l'arrêt de Riom, thèse qui a pour résultat de créer une sorte de possession *sui generis*, que la Cour déclare ne pas être la prescription, mais qui, en réalité et en droit, n'est autre chose que la prescription puisqu'elle en produit tous les effets.

Or, cette thèse a été condamnée par les auteurs anciens et modernes et par une jurisprudence unanime.

Dunod s'exprime ainsi : « Le temps, quelque long qu'il « soit, ne couvre pas l'abus, il ne l'autorise pas : *Abusus* « *enim perpetuo clamat*, il peut toujours être proposé et « réformé en choses importantes et qui blessent la disci- « pline, le bon ordre et le droit public. » *Prescription*, p. 71. — Dans un autre passage il dit : « On ne prescrit pas contre « la vérité des faits ni contre certaines *qualités auxquelles* « le temps ni aucun autre titre ne peuvent apporter des « changements. Telle est, par exemple, l'individualité de « la personne : *Caïus sera toujours Caïus, quoiqu'il ait* « *passé pendant trente ou quarante ans pour Titius.* » — Danti, *De la preuve par témoins*, dit « que l'état ne peut « pas se prescrire, *qu'il faut toujours en venir à la vérité.* » Brillon, v° État, pose le même principe et d'Aguesseau le con- firme. — L'opinion de M. Dalloz est conforme à la thèse du pourvoi, et la Cour de Nîmes, dans un arrêt qui a été soumis à la Cour de cassation, a nettement posé le principe par nous invoqué. — Le tribunal d'Alais le formule ainsi : En fait, il constatait que le nom d'un sieur d'Adhémard avait été modifié dans l'idiome languedocien par la transformation de *dh* en *z*, mais que, du moment où il était établi que le sieur Azémard comptait parmi ses aïeux un Anglès d'Adhémar, le nom de son ancêtre devait lui être rendu parce qu'en droit : « Un « nom de famille est imprescriptible, et que si l'on peut le « *reprendre après l'avoir abandonné,* à plus forte raison on « peut *lui restituer son ancienne orthographe et sa véritable* « *prononciation lorsqu'il a été simplement modifié dans la* « *langue parlée et écrite.* » L'analogie avec l'espèce actuelle est évidente.

La Cour de Nîmes a adopté les motifs des premiers juges en les fortifiant par des motifs nouveaux. Un pourvoi est formé. Le premier moyen, fondé sur un excès de pouvoir, formulait la thèse de l'arrêt de Riom et invoquait la loi du 6 fructidor an II « qui ne permet à qui que ce soit de porter « d'autres noms que ceux indiqués dans son acte de nais- « sance. » La Cour suprême a rejeté le pourvoi en décidant « qu'il s'agissait de savoir si les défendeurs éventuels, *faisant* « *la preuve que les deux premières générations* de leur fa- « mille avaient porté le nom d'Adhémard, pouvaient être « autorisés eux-mêmes à le prendre aujourd'hui comme « étant leur propriété, les lois invoquées par le pourvoi « étaient inapplicables ; que, d'un autre côté, il n'y a pas eu « excès de pouvoir, puisque la Cour royale de Nîmes n'a fait « qu'interpréter les actes qui lui étaient soumis et appliquer « les principes généraux du droit. » 8 mars, 1841. — D., v⁰ Nom, p. 512. — Les Cours de Caen, de Grenoble et de Paris ont consacré la même doctrine. — D., 46, 4, 8. — D., 60, 2, 174. *Rec. de Paris*, 64, p. 626, 631. — La Cour de Lyon, dans une affaire Laroche, a nettement aussi posé le principe : « Que la propriété des noms repose, selon le droit

« commun, sur les preuves qui sont admises dans la
« matière générale de la possession ; que la désignation don-
« née dans un acte de naissance ne peut être qu'un des élé-
« ments de la preuve ; *que cette désignation, quand elle
« est vicieuse,* ne saurait créer, relativement à la propriété
« d'un nom, un droit contraire *à la vérité des faits* et aux
« dispositions de la loi, et qu'elle doit être rectifiée à l'aide
« de tous les documents propres à faire connaître, dans *la
« famille, le nom véritable.*» Un pourvoi a été formé contre
cet arrêt. — De nombreux moyens ont été soulevés, le principe proclamé par l'arrêt de Lyon ne semble même pas avoir
été combattu, et la Cour de cassation, par son arrêt de rejet
du 15 janvier 1861, a par conséquent une deuxième fois
encore sanctionné la doctrine du pourvoi et condamné
l'arrêt attaqué.

Nous sommes donc autorisés à dire avec les auteurs et la
jurisprudence de la Cour suprême : qu'en semblable matière,
ce qu'il faut avant tout rechercher, *c'est la vérité.*—Que lorsqu'elle apparaît incontestable, lorsqu'il est démontré, à l'aide
soit du décret du souverain, soit de la filiation clairement
établie et reconnue vraie, que le *nom possédé* n'est pas *le
nom véritable* de celui qui le possède, non-seulement « la
« possession récente n'est pas le titre unique ou même prin-
« cipal à considérer, » mais elle doit rester inefficace et demeurer impuissante en présence d'une filiation nettement
établie qui conduit *à la vérité du nom d'origine.* — Cette
filiation est, en effet, *le titre* à défaut duquel seulement,
(ainsi que le disait l'arrêt attaqué dans la troisième question
qu'il se posait), la possession récente pourrait être efficace. —
Car la possession ne crée pas le droit au nom, elle le constate.

Dans les matières ordinaires, Dumoulin avait dit en par

lant de la possession immémoriale : « Vim habet constituti
« non dicitur prescriptio, sed titulus. » Une possession de
cette nature est admise pour le nom. — « Non prescriptio,
« sed titulus. » « Cette possession, dit Merlin, forme elle—
même un titre virtuel qui dispense de tout autre. » (*Répert.*,
t. IX, p. 548.) — Ces principes sont conformes à la thèse du
pourvoi, car s'il est vrai de dire que la possession vaut titre
et forme titre en cette matière spéciale, c'est à une condition :
que la possession invoquée ne sera pas contraire à la possession ancienne *qui a déjà constitué* sur la tête d'une
famille la propriété d'un nom (possession ancienne qui *vaut
titre* pour cette famille), titre contre lequel rien ne saurait
prévaloir, que rien ne saurait détruire, et que l'on ne peut
mettre à néant sans violer le principe d'immutabilité et d'imprescriptibilité du nom.

V. Ces principes une fois admis, le pourvoi est justifié,
car les faits retenus par l'arrêt attaqué trouvent tout natu-
rellement leur application à la thèse que nous soutenons.

L'arrêt constate trois ordres de faits :

« 1° Que M. le duc d'Uzès a le droit incontestable et
« incontesté de porter le nom patronymique de de Crussol ;

« 2° Qu'il n'existe aucune parenté entre cette illustre fa-
« mille et les défendeurs éventuels ; que l'absence de toute
« parenté est incontestée ;

« 3° Que dans les deux siècles écoulés, de 1500 à 1700,
« le nom patronymique de la famille Desepesse oscille entre
« quatre variantes principales : Coursule, Cursule, Cour-
« selle et Courseulle (avec l'addition du titre de seigneur ou
« baron de Saint-Remy), et cela pour huit générations. »

« Que LE NOM PRIMITIF Coursule ou Courselle s'est altéré
« sous la double influence de la prononciation locale et de

« l'incurie ou de l'ignorance des rédacteurs d'actes, vers le
« milieu du siècle dernier. »

Enfin, l'arrêt (reconnaissant pour vraie et incontestable la
filiation établie par MM. des Epesse eux-mêmes avec Georges
de Coursule) signale dans ses motifs (p. 4). Le jugement rendu
par M. de Bezons en 1669. Cet acte émane d'une juridiction
spéciale mais compétente ; il constitue une preuve judi-
ciaire qui conserve intacte pour la famille de Coursule des
Epesse, la noblesse de leur race, sous *nom fixe de Georges de
Coursule*, dont les défendeurs sont les descendants et les seuls
représentants. De ces constatations de l'arrêt attaqué, il résulte : que *le nom primitif*, *le nom véritable* de la famille des
Epesse n'est pas de Crussol, et dès lors l'arrêt attaqué ne
pouvait, sous aucun prétexte, attribuer à la famille des
Epesse un nom qu'il déclarait n'être pas son nom d'origine.
Il n'appartient pas au demandeur en cassation de rechercher
le véritable nom de MM. des Epesse. — M. le duc d'Uzès devait justifier de la propriété de son nom de Crussol ; il l'a fait.
Il devait démontrer aussi que ce nom n'appartenait pas à la
famille des Epesse ; la preuve a été faite. — C'était aux demandeurs en rectification d'actes de l'état civi MM. des Epesse,
qu'il appartenait d'établir leur nom d'origine et de choisir
avec la Cour de Riom entre les variantes qui constituaient ce
nom d'origine.

Du reste, il ne peut y avoir aucun doute sur le nom véritable de la famille ; comme nous l'avons dit, la Cour de Riom
avait sous les yeux le jugement de M. de Bezons ; le jugement
non-seulement est le titre probant de la noblesse de la famille
des Epesse, mais *il fixe* (comme pouvait le faire la Cour de
Riom) et AVEC LA MÊME AUTORITÉ *que nos Cours impériales, le
nom* de l'auteur reconnu des défendeurs. « *Georges de Cour-*

sule. — Seigneur de St-Remy. — La vérité du nom se trouvait écrite dans cet acte authentique et la Cour de Riom, sans se préoccuper des variantes insignifiantes du nom de Coursule, devait nécessairement ramener ce nom à sa vérité d'origine. Il est inutile d'examiner si ce qui est vrai pour le changement complet et radical d'un nom, est vrai en ce qui touche les altérations successives qui ont transformé peu à peu le nom d'origine. La règle est la même, et la jurisprudence est unanime pour repousser comme contraire à ce principe d'immutabilité et d'imprescriptibilité du nom, tous les changements, sous quelque forme qu'ils se produisent, introduits dans le nom par suite d'altérations successives, de la nature de celles dont parle l'arrêt attaqué. — Nous rappellerons seument des arrêts nombreux de Cours impériales : Rennes, 15 févr. 1826. D., v° Actes de l'état civil, n° 417. — Nîmes, 6 juin 1839. D., 41, 1, 151. — Caen, 13 février 1846. D., 46, 4, 8. — Douai, 10 août 1852. D., 53, 2, 257. Douai, 20 août 1860. — Rouen, 2 juin 1862. — Paris, 3 mai 1864, et l'arrêt de la Cour de cassation du 8 mars 1841 dont nous avons déjà reproduit les termes. — (Aff. d'Adhémard).

Ainsi donc à quelque point de vue que l'on se place, les principes proclamés par l'arrêt attaqué lui-même, ont été violés de la façon la plus manifeste. Nous ne devons ajouter qu'un seul mot :

De l'ensemble des faits constatés par l'arrêt, il résulte : qu'il existe deux *familles distinctes,* ayant, chacune d'elles, droit incontestable à *un nom patronymique différent :* de Crussol; de Coursule, que l'une d'elles a conservé invariable, depuis sept siècles, le nom de Crussol, et que si l'autre a vu son nom de Coursule, estropié par la maladresse de certains officiers publics, il n'est pas vrai de dire qu'elle peut abandonner ou qu'on peut lui refuser de reprendre le nom de son ancêtre : *Noble Georges de Coursule.*

L'arrêt attaqué en effet, par sa théorie toute nouvelle qui, nous l'espérons, ne sera pas sanctionnée par la Cour de cassation, ne tend à rien moins qu'à renverser tous les principes reconnus et consacrés par les auteurs et la jurisprudence.

Pour le démontrer prenons deux exemples supposons : que M. de Crussol d'Uzès ait habité les montagnes de l'Auvergne et que sous la double influence de la prononciation locale et de l'incurie ou de l'ignorance des rédacteurs d'acte, (son nom de Crussol) ait passé successivement par de nombreuses variantes et se soit transformé en celui de *de Coursule,* quelle est la Cour qui aurait refusé à M. le duc d'Uzès une rectification conforme à la possession ancienne du nom *de Crussol* et contraire à la possession récente de Coursule qu'il aurait eue depuis 1761.

Supposons encore que la famille des Epesse ait vu son nom de Coursule défiguré et transformé; mais qu'au lieu de profiter d'une altération qui change leur nom patronymique (de Coursule,) (dont de moins ambitieux seraient satisfaits) en un nom plus illustre de Crussol, MM. des Epesse eussent vu leur nom d'origine perdre dès 1761 son cachet de distinction, serait-il possible de leur refuser en 1865 le droit de porter le nom de leur aïeul Georges de Coursule, et la Cour de Riom aurait-elle pu infliger à la famille des Epesse un nom autre que son nom d'origine?

Or s'il est incontestable, que la Cour de Riom n'aurait pu, sans encourir la censure de la Cour suprême, refuser à MM. des Epesse le nom que leur donnait leur filiation établie avec Georges de Coursule, il est incontestable aussi que l'arrêt attaqué doit être cassé en vertu du même principe, pour avoir attribué à MM. des Epesse le nom de Crussol, alors qu'il est constant et reconnu en fait : que pendant huit générations ce nom n'a jamais été porté par la famille qui le revendique aujourd'hui, et que d'autre part il est établi à l'aide du jugement de M. de Bessons, que *le nom d'origine* de cette famille est de Coursule et que toutes les appellations diverses qui se sont succédé depuis 1669 ne sont que des variantes du *nom véritable* de Coursule.

Du reste la Cour de Riom elle-même a sanctionné ce principe en ordonnant la rectification des actes de l'état civil dans les termes où elle l'a fait. — Pour le nom des Épesse, l'arrêt attaqué a appliqué le principe contraire à celui qu'elle invoque pour le nom de Crussol. — La possession récente donnait à la famille demanderesse le nom Desespesse ou Desepesse en un seul mot. Or l'arrêt ordonne que la rectification aura lieu en ce sens : que le nom sera désormais écrit des Epesse en deux mots et ce conformément à l'orthographe première du nom et à la possession ancienne.

A plus forte raison doit-on le décider ainsi quand il s'agit de ne pas substituer un nom nouveau au nom véritable, *au nom d'origine* et de faire respecter le droit incontestable d'une famille illustre à la propriété d'un nom «mêlé (dit l'arrêt attaqué) à notre histoire nationale depuis les croisades. » — La première branche du moyen nous semble donc suffisamment justifiée.

2ᵉ Branche. — Nous devrions peut-être négliger la deuxième branche du moyen proposé, la première nous semblant invincible. — Toutefois, dans une affaire qui intéresse à un si haut degré le demandeur en cassation, nous ne croyons pas qu'il nous soit possible d'omettre une critique fondée contre la seconde partie de l'arrêt attaqué.

Nous la formulons ainsi : la possession sur laquelle est ba-
sée la décision de la Cour de Riom, n'a aucun des caractères
légaux qui puissent permettre de la considérer comme un
titre à la propriété du nom de *de Crussol*.

L'arrêt attaqué déclare qu'il est à l'abri de la censure de
la Cour suprême sur ce chef « que les juges se trouvent in-
vestis du pouvoir d'apprécier souverainement, EN FAIT ET EN
DROIT, les caractères de cette possession et la portée qu'il
convient de lui attribuer dans chaque espèce. »

C'est une première erreur. — L'arrêt attaqué exagère le
pouvoir souverain du juge du fait en cette matière et nous
devons tout d'abord établir la limite de ce pouvoir avant
d'entrer dans la discussion du droit.

Au juge du fait, le droit d'examiner les actes produits, de
les apprécier et de déclarer s'il résulte de cet examen une
possession de fait d'un nom contesté. — Au juge du fait le
pouvoir de décider si la possession invoquée a été paisible,
constante et publique, et de bonne foi. Mais là doit s'arrêter
son pouvoir souverain. Et nous soutenons qu'il est permis,
devant la Cour suprême, de s'emparer des faits constatés par
le juge du fait, pour discuter à l'aide de l'arrêt attaqué lui-
même et des contestations qu'il renferme, les caractères légaux de la possession invoquée.

Si donc la Cour de Riom, en constatant des faits de possession et en déclarant cette possession utile, a en même
temps constaté des faits qui doivent enlever à cette possession tout caractère sérieux et légal, il appartient à la Cour
suprême de qualifier cette possession autrement que ne l'a
fait le juge du fait.

En matière de propriété de noms, la jurisprudence qui
permet de suppléer *aux titres (à défaut de titres)* par

la possession, n'a pas livré à l'arbitraire et sans poser certaines règles fixes, les caractères de cette possession, sui generis. C'est ainsi que la chambre des requêtes exige que « l'usage invoqué par le demandeur, pour créer un droit, soit étayé d'une possession ancienne, publique, acceptée par tous et régulièrement constatée. — D., 1861. 1. 176. »

Or, quels sont les faits reconnus par l'arrêt attaqué : l'arrêt constate que le nom de de Crussol a été pris deux fois dans les actes de l'état civil. — Une fois en 1761 et puis en 1822. — Il déclare que les actes de naissance des défendeurs ne sont pas conformes à l'acte de naissance de leur père et il ajoute qu'ils sont contraires *à tous* les actes antérieurs à 1761. — Cette constatation souveraine des faits ne permettait pas de déclarer non équivoque et invariable cette possession entachée d'un vice radical, interrompue pendant soixante années, restée ignorée de la famille de Crussol d'Uzès et qui par conséquent n'a aucun des caractères exigés par la loi, imposés par la jurisprudence. A ce premier point de vue l'arrêt attaqué a encouru la censure de la Cour suprême.

Mais l'un des caractères principaux que la jurisprudence constante de la Cour de cassation exige formellement pour que la possession puisse être utilement invoquée par le demandeur en rectification, par celui qui revendique la propriété en vertu d'une possession qu'il allègue, « c'est que les actes de possession révèlent une *volonté sérieuse* d'ajouter au nom patronymique le nom de la terre ou du fief qu'il veut prendre. »

C'est ainsi que la chambre civile a jugé « qu'il appartient « aux juges du fait de décider si ces faits de possession té- « moignent de l'usage qui a été fait, en temps utile, du pri- « vilége féodal susénoncé, et *de la volonté persistante des*

« *ayants droit* d'incorporer à leur nom patronymique l'ad-
« dition résultant du nom de leur fief. »

La Cour de cassation rappelle les contestations de l'arrêt
de Lyon, et il décide : « D'où le dit arrêt a pu conclure, sans
« violer aucune loi, que Claude Antoine avait *voulu ajouter*
« et avait ajouté par le fait le nom de son fief. » — 10 mars
1842. D., 1862. 1. 222. La Cour d'Orléans. 1ᵉʳ août 1843.
(D., 44. 2. 15). La Cour de Paris. 4 décembre 1863.
(D., 64. 2. 12), ont adopté la même doctrine, et la Cour de
Lyon, persistant dans la jurisprudence consacrée par l'arrêt
du 10 mars 1862 décidait encore le 24 mai 1865 « qu'en pa-
« reil cas il s'agit simplement de rechercher, en fait, par
« l'examen de toutes les circonstances relatives à l'usage du
« nom avant 1789, si la *volonté* a été de profiter de ce droit
« coutumier à la féodalité ; que *la possession du nom*, ainsi
« modifié et accru, est à interroger, sans condition précise
« de durée, sans intervention aucune des principes de la
« prescription (la propriété du nom ne pouvant se prescrire),
« et uniquement afin de trouver une preuve certaine *de la*
« *volonté d'innover au nom primitif.* »

Sans accepter toutes les théories de la Cour de Lyon, nous
croyons pouvoir affirmer avec la jurisprudence que nous
avons rappelée (nous parlons surtout de celle de la Cour de
cassation), que non-seulement le juge du fait doit apprécier
la possession au point de vue matériel des actes qui lui sont
soumis, mais qu'il faut encore qu'il l'apprécie au point de
vue de *la volonté* des demandeurs en rectification. Ce qui
est vrai pour l'addition d'un nom de fief au nom patrony-
-mique, doit être encore bien plus vrai quand il s'agit du
changement d'un nom patronymique.

Or, que fait la Cour de Riom ? Non-seulement elle ne dit

pas que MM. des Epesse ont eu la volonté de joindre à leur nom patronymique des Epesse le nom d'un fief (qui ne leur a jamais appartenu, du reste) de Crussol, — non-seulement elle ne garde pas un silence prudent qui pourrait faire interpréter les termes généraux de ses motifs dans le sens d'une volonté supposée de la famille des Epesse, mais elle déclare nettement que jamais la famille des Epesse n'a *eu la volonté* de substituer à son nom patronymique de Coursule, le nom de Crussol. C'est le hasard seul qui a fait la substitution. — Ce sont des circonstances indépendantes de sa volonté qui ont créé ces altérations successives auxquelles la famille des Epesse n'a pris aucune part volontaire ; c'est ainsi que l'arrêt attaqué décide : « Que des faits analysés ci-dessus il résulte, « en effet, que les auteurs des intimés ont SUBI et non PRO-« VOQUÉ les altérations successives par suite desquelles le nom « primitif de Coursule, Cursule ou Courselles s'est, avec « le temps, transformé en celui DE CRUSSOL. »

Nous pouvons donc avec la jurisprudence de la Cour suprême soutenir et dire : qu'en dehors même de la première branche du moyen, en présence de cette circonstance exceptionnelle de la cause « *où la volonté persistante* des défendeurs éventuels manque absolument, la possession, telle qu'elle est qualifiée par l'arrêt attaqué, manque aussi de l'élément principal et du caractère essentiel exigé par la jurisprudence unanime, pour *tenir lieu de titre* à MM. des Epesse, même *à défaut de titre contraire*. A ce second point de vue encore la loi a été violée par l'arrêt attaqué.

En résumé MM. des Epesse, n'auraient certainement pas réclamé le nom de *de Crussol*, s'ils n'avaient espéré détourner à leur profit quelques rayons de l'auréole de gloire qui l'environne. — Pour obtenir ce résultat, ils sont obligés de

convenir que ce nom illustre n'est pour eux qu'une altération qu'ils ont subie de leur nom patronymique beaucoup
plus obscur ; de telle sorte que l'on attribuerait à l'erreur ou à
l'ignorance d'un simple curé ou d'un officier de l'état civil,
une puissance plus grande que celle qui appartient à l'autorité souveraine du chef de l'État. — Le souverain ne peut
prendre à une famille le nom qui est dans son patrimoine
pour le transférer à une autre famille, et le plus humble des
fonctionnaires pourrait l'imprimer au front du premier venu
par une erreur tenue pour irréparable. Il est impossible d'ad-
mettre une semblable doctrine. Elle est contraire aux principes spéciaux de la matière qui permettent toujours aux par-
ties intéressées de ramener un nom patronymique à sa pureté
et à sa vérité originelles.

GEORGES SALVETON,

Avocat au Conseil d'État et à la Cour de cassation.

9268 — IMPRIMERIE GÉNÉRALE DE CH. LAHURE
Rue de Fleurus, 9, à Paris